Timo Schade

Vom Liebeskummer zum Lebensglück

Timo Schade

Vom Liebeskummer zum Lebensglück

Wie Du effektiv Deinen Schmerz verarbeitest, Dein neues Ich kreierst und vom Schmerz zur Freude findest

Trainerverlag

Impressum / Imprint
Bibliografische Information der Deutschen Nationalbibliothek: Die Deutsche Nationalbibliothek verzeichnet diese Publikation in der Deutschen Nationalbibliografie; detaillierte bibliografische Daten sind im Internet über http://dnb.d-nb.de abrufbar.

Bibliographic information published by the Deutsche Nationalbibliothek: The Deutsche Nationalbibliothek lists this publication in the Deutsche Nationalbibliografie; detailed bibliographic data are available in the Internet at http://dnb.d-nb.de.

Coverbild / Cover image: www.ingimage.com

Verlag / Publisher:
Der Trainerverlag
ist ein Imprint der / is a trademark of
OmniScriptum GmbH & Co. KG
Heinrich-Böcking-Str. 6-8, 66121 Saarbrücken, Deutschland / Germany
Email: info@verlag-trainer.de

Herstellung: siehe letzte Seite /
Printed at: see last page
ISBN: 978-3-8417-5076-1

Inhalt

- Prolog -
Der Abschnitt, den sowieso keiner liest

Alle Veränderungen im Leben haben etwas Gutes. Auch jene, die uns auf den ersten Blick vielleicht sehr schmerzhaft und aussichtslos scheinen. Wenn Du also dieses Buch aus akutem Anlass liest, lass Dich voll auf Deine Gefühle ein und beginne, Dein Leben neu zu ordnen und zu ‚designen'.
An dieser Stelle möchte ich auch noch erwähnen, dass ich hiermit kein psychologisches Fachbuch verfassen wollte. Das ein oder andere Thema mag zwar recht interessant sein, doch erhebe ich weder einen Anspruch darauf ‚wissenschaftlich' zu sein, noch liegt es mir fern, Dich hier mit trockenen Sachtexten zu nerven, biochemische Prozesse zu erklären oder jedwedes, redundantes Wissen zu vermitteln.

Somit entschuldige mir bitte, dass ich hier absichtlich nicht auf alles eingehe, was passieren *könnte*. Warum was passiert ist an dieser Stelle nicht so interessant wie die gewollte Veränderung. Kaum einer der Bauchschmerzen hat und Kamillentee trinkt, kann genau erklären, was dort mit diesem Tee im Körper bis ins kleinste Detail passiert. Er trinkt den Tee und es hilft. Mehr will ich auch nicht!

Viele teilen die Trennungszeit in vier Phasen. Der Vollständigkeit halber möchte ich diese hier auch einmal erwähnen.

<u>Ganz grob kann man die Trennung in die 4 bekannten Phasen einteilen:</u>

- 1. Trennungsphase: Nicht-Wahrhaben-Wollen / Schockzustand
- 2. Trennungsphase: Trauer
- 3. Trennungsphase: Wut
- 4. Trennungsphase: Akzeptanz / Neu-Orientierung

In der *ersten* Phase ist der Verlassene noch in einem Schwebezustand. In dieser Phase wird meist versucht, dem Partner alle 'Vorzüge' der Beziehung nahezubringen. Die Hoffnung auf ‚Einsicht' ist hier noch groß und dass es für den Ex-Partner das wirkliche Aus bedeutet, wird hier noch weitgehendst ignoriert oder verdrängt.

Danach folgt die *zweite* Phase, die Trauerphase. Diese benötigt am meisten Zeit und das Hauptaugenmerk wird in diesem Buch auch in dieser Phase liegen. Nachdem die Trauerphase überwunden ist kommt es meist zur *dritten* Phase der Wut.
Hier werden dem Ex-Partner Vorwürfe gemacht. Was man nicht alles für ihn getan habe, bis hin zum Streit irgendwelcher gemeinsam angeschafften Güter.
Diese Wut fällt weg, wenn die Trauerphase richtig und nicht halbherzig verarbeitet wurde. Wut ist immer noch ein Hilferuf, ein Gefühl der Unsicherheit und des gekränkten Egos.

Die *vierte* Phase ist die Akzeptanz, in welcher man schlussendlich Frieden mit der Trennung geschlossen hat, an sich selbst arbeitet und sein Leben sortiert und an etwas Neuem arbeitet.

Nur der Vollständigkeit halber habe ich diese ‚Phasen-Geschichte' hier erwähnt, denn sie ist keinesfalls der Weisheit letzter Schluss. Man sollte sie nicht abhaken und allzu statisch vorgehen, als bearbeitete man eine Checkliste.

– Trauerphase –

Energie fließt dahin, wo die Aufmerksamkeit fokussiert ist

Du bist gerade genau an dem Punkt, der am schmerzhaftesten ist. Der Verlust der Partnerschaft, gemeinsamer Zukunftspläne, gemeinsame Freunde und der gemeinsamen Wohnung/des gemeinsamen Hauses. Dinge, wie die Rolle als Ehefrau/Ehemann (Verlobter/Verlobte), der Verlust als Liebhaber und auch der möglicherweise große Verlust einer Familie ggf. mit Kindern.

Jeder einzelne Punkt ist ein großer Verlust, dem Du jetzt gerade vielleicht schockiert und überfordert gegenüber stehst.
In dieser Phase sind Gefühle wie Enttäuschung, Orientierungslosigkeit, Ausweglosigkeit, Wut, Hass, Ohnmachtsgefühl und tiefe Trauer normal.

Hier ist der Schmerz am größten und wenn Du Dich noch in dieser Phase befindest, in der noch alles ganz frisch ist und Dein Innerstes derart aufgerüttelt ist, dass Du keinen klaren Gedanken fassen kannst, macht es wenig Sinn sofort mit den nächsten Schritten weiterzugehen.

Die Partnerschaft war Dir sehr wichtig, nicht umsonst hast Du Dir dieses Buch angeschafft, was Dir hilft Dir selbst zu helfen.

Ablenkung ist nett gemeint, jedoch vollkommen destruktiv!

Wir kennen unsere lieben Freunde und deren Ehrgeiz, Dich wieder fröhlich sehen zu wollen. Sprüche wie: *‚Andere Mütter haben auch schöne Töchter'* oder *‚Du musst rauskommen und dich ablenken'* sind wirklich nett gemeint.

Nur damit würdest Du Deinen Schmerz verdrängen, ihn gar ignorieren. Der Mensch kann seine Gefühle jedoch nicht verdrängen, sie bleiben immer bestehen, wenn man sich ihnen nicht stellt. Sie würden in Deinem Hinterkopf bleiben und Dich ewig belasten.

In ***Abb. 1*** lenkt sich der Trauernde ab und versucht seinen Schmerz zu verdrängen. Ihm –dem Schmerz- wird keine Zeit gewidmet, drum besteht er latent fortwährend.

In ***Abb. 2*** beschäftigt sich der Trauernde intensiv mit der Trennung. Lässt seinen Gefühlen viel Raum und fühlt sich danach sofort viel besser. Jegliche Emotionen sind Energien in unserem Körper; wenn wir sie nicht umwandeln, werden sie einem zur Qual und der ein oder andere spürt das dann z.B. in Form von Bauchschmerzen, Kopfschmerzen, Übelkeit, Nervosität oder anderen psychosomatischen Zeichen des Körpers… Energie muss fließen!

Ist einem später auch nicht bewusst, woher diese Symptome stammen, im Unterbewusstsein ist der Fall der Trennung noch nicht abgeschlossen und man schleppt ihn mit herum wie einen Sack Ballast oder eine Tür, die niemals geschlossen wurde. Solche Menschen leben meist entweder sehr unangenehm oder sie begeben sich in die Hände eines Psychologen oder Therapeuten.

Dort werden dann sogenannte Rückführungen gemacht und der Fall wird neu aufgerollt.
Das ganze Theater kannst Du Dir aber sparen, indem Du es jetzt sofort anpackst und nicht lange wartest.

Und noch eine gute Nachricht: stell Dir einmal vor, Du wärst jetzt nicht traurig und Du würdest das im Moment Erlebte ganz nüchtern und emotionslos sehen.

Es hieße im Umkehrschluss, dass Dir an dieser Beziehung nichts gelegen hat. Verschwendete Zeit! Demnach ist es ein gutes Zeichen, dass Du Deine Zeit nicht sinnlos vertan hast.

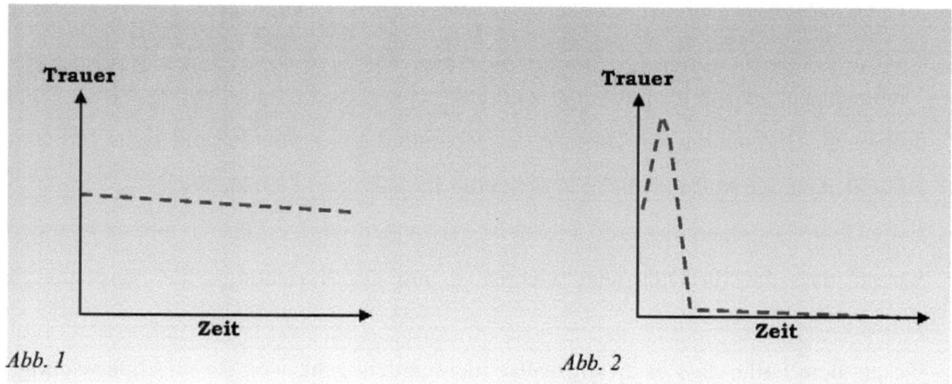

Abb. 1 *Abb. 2*

Alles braucht seine Zeit und diese Zeit solltest Du Dir auch sofort jetzt gönnen!
Nimm Dir am besten –falls nötig- ein paar Tage frei von der Arbeit und konzentriere Dich nur auf Dich.
Es ist wichtig, gerade jetzt seine Gefühle raus zulassen und zu (er-)leben.

Hier ein paar Ideen:

- Tagebuch schreiben
- Reden- Trost bei Freunden und Verwandten suchen
- allein sein
- Zufluchtsort finden, an dem Du Dich sicher und wohl fühlst
- Trost in Musik oder Malerei
- schreibe Deiner/-em Ex-Partner/-in einen Abschiedsbrief (Du musst ihn nicht abschicken)

Wichtig ist, dass Du den Kontakt zu Deiner/-em Ex vollkommen abbrichst! Keine Treffen, keine SMS, keine Telefonate, keine Chats! Auch das Verfolgen des Ex-Partners in social networks wie Facebook solltest Du ab sofort abstellen und die dafür notwendigen Einstellungen *(ignore list)* vornehmen.

Vielleicht hat sich ja im Laufe der Zeit auch eine tiefe Freundschaft zwischen Euch aufgebaut. Und auch wenn Du jetzt der Meinung bist, ihn als Freund nicht verlieren zu wollen ist der Abstand absolut notwendig für Dich und Deinen Weg!
Falls Deine Distanzierung nun ablehnend verstanden wird, erkläre in kurzen knappen Sätzen, dass das für Dich jetzt wichtig ist, um das Beziehungsende ‚verdauen zu können'.
Gesetz dem Falle, dass es zwangsweise nicht anders geht, weil ihr wirklich wichtige Dinge besprechen müsst, die vielleicht das gemeinsame Kind betreffen oder sonstige formelle, berufliche oder organisatorische Angelegenheiten: reduziere diese Unterhaltungen ausschließlich auf dieser Sachebene ohne jegliche Vorwürfe oder Gespräche über die Beziehung. Es bringt nämlich an dieser Stelle rein gar nichts!

Es gibt sicherlich noch das Ein oder Andere, was Du ihm sagen wollen würdest. Erzähle es einem Freund, einer Vertrauensperson oder einem aus Deiner Familie. Nur nicht Deinem Ex-Partner!
Jetzt wo die Beziehung beendet ist, ist ein eleganter Abgang das einzige, was zählt.
Es gibt nichts Unattraktiveres als Gebettel oder nervige SMS. Selbst wenn Du vorhast, sie oder ihn zurückgewinnen zu wollen *(darüber gehen wir in einem späteren Kapitel ein)* halte bitte (!) diese Kontaktsperre ein. Sie ist ausschließlich zu DEINEM Wohl!
Verbanne unbedingt Erinnerungsstücke wie Bilder, Briefe etc. die Dich an sie/ihn erinnern aus Deiner Wohnung. Du musst sie nicht wegwerfen, doch schaffe sie aus Deinem unmittelbaren Sichtfeld. Du kannst sie gerne in einer Kiste deponieren und

diese dann in einem Abstellraum oder in den Keller verlagern. Du tust Dir damit selbst einen großen Gefallen und erleichterst Dir den Trennungsprozess.

Vermeide bitte auch zu viel Alkohol oder sonst jegliche Art von Drogen, die Dir Trost oder Ablenkung suggerieren.

Es ist sehr wichtig, diesen gesamten Prozess mit vollem Bewusstsein zu erleben.

Natürlich ist Dir jedes Mittel und jeder Weg recht, um jetzt ‚abzuschalten'. Nur brauchst Du jetzt gerade einen klaren Kopf, um Deine Gedanken nicht noch weiter zu verwirren.

Nimm' Dir die Zeit und das Recht einmal das Weichei zu spielen, wenn auch heimlich. Nur lass die Gefühle raus und zelebriere Deinen Schmerz.

Wenn Du nach ein paar Tagen damit fertig bist, wirst Du spüren, wie befreiter und wohler Du Dich fühlst. Dein Kopf ist klarer und Du bist bereit für die nächste Stufe.

Zu dem Meditationsmeister kamen Menschen, die auf der Suche nach dem richtigen Leben waren.

"Welchen Sinn hat die Stille, die du uns nahe legst?" fragten sie.

" Wenn wir uns nicht dauernd beschäftigen, dann spüren wir eine gewisse Stille und Leere in uns, und wir wissen nicht, wozu das gut ist"

Der Meister hatte gerade an einem Brunnen Wasser geschöpft und forderte die Besucher auf, in den Brunnen zu sehen. "Was seht ihr?" - "Nichts"

"Dann wartet ein paar Minuten."

Nach ein paar Minuten forderte er sie wiederum auf, in den Brunnen hineinzusehen. "Was seht ihr jetzt?"

" Das Wasser ist still geworden, wir sehen wie in einem Spiegel uns selbst. "

" Das ist der Sinn der Stille." [...]

- Die Besinnung-

Akzeptiere das Ende dieser Beziehung!

Das Beenden einer Beziehung ist meist auch für denjenigen, der die Beziehung beendet hat nicht leicht. Bedenke, dass er die gleichen Erlebnisse in Eurer Partnerschaft gemacht hat wie Du; wie er sie im Gegensatz zu Dir wahrgenommen hat- das weiß nur er.

Überall und immer dann, wenn er mit Dir zusammen war, warst Du auch mit ihm zusammen; somit wird Dir jetzt auch klar, dass Du ihn nicht dazu überreden kannst, weiterhin eine Beziehung mit Dir zu führen. Respektiere seine Gründe für das Aus der Beziehung.

In einigen Fällen darf man auch selbst einmal über sich und sein Verhalten nachdenken. Gerade dann, wenn Du Deinen Partner enttäuscht oder verletzt hast, sei es körperlich oder seelisch. Wenn die Trennung solche Gründe hatte, sollten sich Deine Gedanken und Ziele damit befassen, wie Du Dein Leben führen möchtest und wie viel Zeit Du jetzt für Deine persönliche Entwicklung investierst.

Es gibt viele Beispiele, in denen sich Menschen in Beziehungen verstellen, um dem anderen auf Biegen und Brechen zu gefallen. Heißt, diese Leute sind nicht mehr sie selbst und haben sich aufgegeben für einen Menschen, der sie so wie sie wirklich sind nicht liebt. Hinzu kommt noch, dass sich die ‚Verbieger‘ selbst nicht lieben, ein komplett krankes Selbstbild haben und denken, durch eine Scheinbeziehung zur ewigen Erfüllung zu finden.

Wenn der eine Teil der Partnerschaft den anderen nicht so liebt, wie er ist, dann ist es zwangsweise der Falsche! Mit dieser Erkenntnis, fällt es Dir viel leichter, das Ende zu akzeptieren und auch den Sinn oder Nutzen darin zu sehen, ein neues Leben anfangen zu dürfen.

Erst, wenn Du das Ende akzeptierst, wirst Du Deinen Schmerz überwinden und Dich weiterentwickeln können.
Gehen wir einmal auf die einzelnen Gefühle ein, mit denen Du in dieser Zeit zu tun hast:
Du bist **enttäuscht**- aber um ent-täuscht zu sein, musst Du zunächst ge-täuscht worden sein.
Dein Partner hat Dir womöglich öfters geschworen sehr glücklich mit Dir zu sein, er sagte ‚Ich liebe Dich' und täuschte Dir somit eine gemeinsame, glückliche Zukunft vor. Vielleicht sogar mit einer gemeinsamen Familie, einem gemeinsamen Haus und so weiter...
Verstehe das jetzt nicht falsch, ich rede nicht von Lügen! Es kann viele Gründe haben, aber Du wurdest getäuscht!
Meist sind genau diese Gedanken jene, die einen wahnsinnig machen oder die es einem so schwer machen, zu begreifen, woran es denn wirklich lag.
Nun, wir gehen davon aus, dass der Partner über einen gesunden Menschenverstand verfügte, indem er diese Worte zu Dir sprach.

Die Frage, die Du Dir jetzt stellen darfst ist logischerweise: ‚Möchte ich mit einem Menschen zusammen sein, der mich (und wahrscheinlich auch sich selbst) täuscht?'
Ich möchte diesen Punkt sehr wertfrei angehen, denn es gibt immer Erlebnisse und Weichen im Leben, die in uns eine Veränderung bewirken.

Drehen wir den Spieß doch einmal um und fragen Dich an dieser Stelle:

- kannst Du nicht froh sein, nicht mehr getäuscht zu werden?
- ist es nicht schön, wenn Dein Ex-Partner nicht mehr vorgeben muss, zu sein wie er nicht ist?

- Deine bisherige Beziehungsvergangenheit basierte auf Täuschung. Freust Du Dich nicht auf ein neues, echtes Glück?

Enttäuschungen resultieren ebenso aus Erwartungen an eine Person. Ich erwarte auf mein Verhalten A eine Reaktion B, da sie für mich schlüssig, richtig und logisch ist. Wenn aber nicht Reaktion B eintrifft, sondern Reaktion C oder H, sind wir enttäuscht, beleidigt oder verwirrt.

Deine Erwartungen sind Deine Erwartungen […]

Setzest Du Deine Erwartungen nicht so hoch, respektive nicht so eng in Dein Weltbild, so wäre es leichter für Dich mit dem Resultat umzugehen, was nicht deckungsgleich mit Deinen Erwartungen sein kann. Es ist eine Übungssache, die Muster der Erwartungshaltung zu verändern. In der nächsten Beziehung wird sich jedoch diese Mühe für Dich bezahlt machen.
Ob es beruflich, privat oder persönliche Erwartungen sind. Versuche Dir von dem Resultat, sofern es kein Ziel von Dir ist, kein Bild zu machen.

In dieser Liebeskummer-Phase sind wir uns *(wenn wir ehrlich sind)* immer selbst der Nächste. Du hörst es gerade bestimmt nicht gern, wenn ich Dir empfehle dankbarer zu sein, denn Du konzentrierst Dich ja gerade auf das, was Du nicht hast und nicht auf die Dinge, die Du hast.
Mache Dir bitte einmal Gedanken –und sei in diesem Punkt hartnäckig- für was Du alles dankbar sein kannst.

Jedermann kann für etwas dankbar sein! Mache Dir eine Liste von mindestens 15 Dingen. Ob es Deine tollen Freunde sind, das Essen auf dem Tisch, der Job, Deine Familie, ein Talent von Dir […] es gibt so viele Sachen, die Du gerade vergisst.

Was ist schon Liebeskummer-Überwindung im Gegensatz zu unheilbaren Krankheiten oder Hungersnot?
Dankbarkeit richtet Deinen Fokus und die Konzentration auf die schönen und wichtigen Dinge im Leben, die Du bereits hast!

Wo wir doch gleich bei der Schreibarbeit sind... war Dein Ex-Partner wirklich soo perfekt? Ich denke nicht, denn wenn er es doch gewesen wäre, hättet ihr so gut zusammen gepasst, dass es gar nicht zu einer Trennung gekommen wäre.

Nimm bitte noch einmal das Blatt Papier von gerade, wende es und schreibe dort alle negativen Seiten Deines/-er ExFreund/-in auf.
Wenn Du jetzt denkst, es gibt keine schlechten Seiten an ihr/ihm, dann ist das vollkommen normal in dieser jetzigen Zeit. Sei aber jetzt bitte etwas hartnäckig zu Dir selbst!

Stelle Dir folgende Fragen:

- Welche Eigenschaften habe ich an meinem Ex-Partner nicht leiden können?
- Mit welchen Dingen war ich in unserer Beziehung nicht voll und ganz zufrieden?
- Welche Bedürfnisse hat er/sie nicht befriedigen können?
- Was hast Du bei ihm vermisst?
- Was hat Dich sauer gemacht?

Es ist wirklich schön zu sagen, dass man mit seiner derzeitigen Beziehung total glücklich ist, dass er/sie die Schönste und Attraktivste in seinem Leben ist.

Kleine Fehler machen immerhin den Reiz aus und es ist auch selbstverständlich, dass man den Partner unbewusst auf ein Podest hebt; sie/ihn vor allem beschützt und hinter ihm steht.

So was nennt man Idealisierung.
Es beschreibt Verhalten, Personen etc. zu unrealistisch überhöhten Ideal zu erheben.

Ein Paradebeispiel dafür ist das Verliebtsein.
Alle negativen Eigenschaften *(und die haben wir nun einmal alle)* werden mit der berühmten ‚Rosa Brille' ausgeblendet. Man hat in dieser Zeit ein sehr verzerrtes Bild von dieser Person.
Erst nach längerer Zeit baut sich dieses Gefühl, dieser Zustand ab und beide Partner sehen sich -meist zeitverzögert- so, wie sie wirklich sind.

Das kennst Du wahrscheinlich, wenn Du in eine Person total vernarrt bist und Deine Freunde können diese fanatische Begeisterung nicht ganz nachvollziehen.

Nicht unlängst hat das University College in London festgestellt: Verliebt sein ist wie eine Droge.
Die Forscher betrachteten bei Verliebten die Gehirnaktivität. Der Anblick der geliebten Person führte sofort zu heftiger Aktivität – genau da, wo auch Drogen wirken. Der Stoff, der sexuelles Verlangen stimuliert, heißt DARPP-32. Das Protein reguliert den Haushalt des Dopamins im Gehirn, eines Neurotransmitters, der viele emotionale Reaktionen steuert.

Das alles soll uns zukünftig nicht davon abhalten, diese Phase der Verliebtheit zu genießen, nur diese Position, in der Dein Partner jetzt noch bei Dir ist, ist vollkommen idealisiert.

Er sitzt bei Dir auf einem Thron, auf den er partout nicht gehört!

Deine Liste wird Dir helfen, die ganze Sache etwas realistischer zu betrachten. Sie zeigt Dir, dass Dein Ex-Partner nicht (!) perfekt war und ist.
Du hast jetzt mal Lust an etwas Positives zu denken? Ok! Dann erstelle jetzt eine Liste von Sachen, die Du nicht mehr in Kauf nehmen musst.

Dinge, auf die Du nicht mehr verzichten und keine Rücksicht mehr nehmen musst:

- Du kannst jetzt essen, was Du willst und so viel Du willst
- Du kannst ins Bett gehen, wann Du willst
- Du kannst solange schlafen wie Du willst
- Du brauchst beim TV-Programm oder der Filmauswahl auf niemandem Rücksicht nehmen
- Du kannst Deinen Urlaubsort selbst bestimmen
- Du kannst Dich mit dem treffen, mit dem Du willst, ohne, dass jmd. Schlechte Laune hat.
- Du kannst…
- …
- …
- …
- **… alles!**

-Emotionale Abnabelung-
Du suchst Dir aus, was Du fühlst

Du hast die Trauerphase größtenteils hinter Dir, hast auch schon wieder aktiv mit Deiner Umwelt gelebt, auch schon viel Spaß gehabt.

Und dann passieren diese unvermeidlichen Momente:

- ein Song läuft…
- Du riechst ein Parfum…
- Du gehst an einem Ort entlang…
- Du hörst einen Namen…
- Du schaust ein Fernsehprogramm…

… und denkst dabei zwangsläufig an Deinen Ex-Partner.

Das sind ganz natürliche Reiz-Reaktions-Ketten. Genau das gleiche Prinzip wie beim bekannten Pawlowschen Hund. Nur, dass es bei Dir kein Glockenklingeln (auditiv) ist, sondern eines der hier aufgeführten Beispiele.

Wir nehmen unsere Welt ja nun bekanntlich nur mit unseren 5 Sinneskanälen wahr. Sehen (**v**isuell), hören (**a**uditiv), fühlen (**k**inästhetisch), Riechen (**o**lfaktorisch) und schmecken (**g**ustatorisch). **[➔ VAKOG]**

Jetzt ist natürlich die Frage, wie Du mit diesen Sinneseindrücken, die auf Deinen Ex-Partner ‚programmiert' sind umgehen möchtest. Es gibt im Modell von NLP, mit welchem ich u.a. arbeite, effektive Techniken, um diese sogenannten ‚Anker' zu löschen oder mit anderen zu verschmelzen.

Viele sind jedoch der Meinung, dass Erinnerungen etwas sehr Wertvolles und Schönes sind. Das Leben ist ein Kommen und Gehen und während wir leben, lernen wir viele Menschen kennen, machen eine Menge Erfahrungen. That´s life!
Gehen wir nun davon aus, wir würden alle unschönen Sachen löschen, respektive die Verbindungen trennen, wären wir zuletzt Menschen ohne emotionale Geschichten.
Die Erlebnisse, an denen wir im Endeffekt gewachsen und gereift sind und die uns zu der Person machen, die wir sind.

Wenn Menschen sterben, wäre es in der Trauerzeit für alle Beteiligten das Angenehmste, man würde diese Person komplett vergessen haben. Nur möchte man all diese Erinnerungen, den Spaß mit dieser Person missen wollen, nur weil man in diesem Moment einfach zu bequem ist, schwach zu sein?

Ein sehr egoistischer und respektloser Gedankengang, wie ich finde.

Überlege Dir, ob Du Dir nicht gewisse Momente selbst schenken möchtest, auf die Du nach einer gewissen Zeit zurückblicken kannst?
Der Moment, indem Du Deinen Partner kennengelernt hast, das erste Date, der erste Kuss… all das sind doch *Moments of Excellence*[1], also Situationen, in denen Du Dich so richtig gut gefühlt hast und die Dir Kraft geben; auch in Zukunft!

---

[1] ist eine besonders Ressource volle Situation im Leben eines jeden Menschen, eine Situation, wo der oder die Betreffende in hervorragender Verfassung, im Vollbesitz aller Kräfte oder einfach gut drauf war.

Wie bereits erwähnt, erleben wir unsere Welt ausschließlich durch die 5 Sinneskanäle (VAKOG).
Die meisten sehen z.B. ein Bild von einem Strand mit Palmen und denken direkt an Urlaub. Ein Spanier, der direkt an der Küste wohnt, wird diese Verknüpfung wohl kaum haben. Er wird den Anblick wohl höchst wahrscheinlich ebenso schön finden, doch ‚Strand⇔ Urlaub' ist in diesem Falle Deine persönliche Verknüpfung. Dasselbe Bild, mit zwei unterschiedlichen Emotionen!

Anderes Beispiel: zwei Personen sehen eine Vogelspinne. Dem einen überkommt ein Schaudern bis hin zur panischen Todesangst, hingegen die andere Person, welche sich für Spinnen begeistert, sie interessiert mustert und schaut, welcher der 800 Arten sie entspricht. Zwei grundverschiedene Emotionen bei dem einen und selben Tier!

Wir nehmen wieder zwei Personen und ein Parfum, beispielsweise Chanel № 5.
Person A erinnert sich bei diesem Duft an die strenge Großmutter, die immer sehr kühl und grob zu ihm war und bei der er sich so richtig unwohl gefühlt hat.
Person B erinnert sich beim Schnuppern diesen Parfums an die erste Begegnung mit seiner Frau vor 40 Jahren und sieht die elegante Dame noch ganz deutlich den Raum betreten und ist noch nach wie vor erquickt von diesem Gefühl, das er damals hatte.
Das gleiche Parfum, zwei immens unterschiedliche Emotionen!

Noch etliche Beispiele für jeden Sinneskanal könnte ich aufzeigen und gewiss fallen Dir nun auch zig verschiedene ein.
Jeder einzelne Mensch verbindet ganz subjektiv und individuell die auf ihn einwirkenden Reize mit Erinnerungen, Emotionen und Gefühlen aus seiner persönlichen Welt. Das macht jeden von uns einzigartig.
Das ist enorm wichtig dies so zu verinnerlichen, denn so verschwimmt der Begriff *‚Wahrheit'*, bzw. die klare, faktische Definition dieses Begriffes. Die Wahrheit von

Dir und Deinem Gesprächspartner kann total unterschiedlich sein und somit zu Missverständnissen führen. Somit ist nachvollziehbar, dass nicht immer alles wahr ist oder falsch.

Gehen wir nun von folgender Ausgangssituation aus:

Du bist unterwegs, z.B. auf einer Party und plötzlich wird euer ‚gemeinsames Lied' gespielt. Von der ausgelassenen guten Feierlaune bekommst Du innerhalb von Bruchteilen einen Flashback und bist von jetzt auf gleich in einer nicht mehr so lustigen Stimmung.
Nun, wir sind Menschen und so etwas wird sich nicht komplett löschen lassen. Du kannst davon ausgehen, dass Du irgendwann sehr neutral diesem Lied gegenüberstehst.
Ein gutes Werkzeug, um jegliche Einflüsse von Deinen Emotionen zu trennen ist die Überreizung.

Geht es in Deinem Fall um einen Song, dann höre ihn in Endlosschleife, und zwar solange, bis er Dir sprichwörtlich aus den Ohren herausrauskommt.
Ähnlich verhält es sich mit Gerüchen und Bildern. Bei Bildern oder Fotos besorgst Du Dir viele Kopien davon und hängst es an jedem Ort. Bei Parfums besorge Dir in der Parfümerie mehrere Probe-Flakons desjenigen Duftes und nebele damit Deine gesamte Wohnung ein bis Dir schlecht wird.

Das hört sich sehr banal und drastisch an, jedoch konditioniert man sein Gehirn an diesen Überreiz, der dann gar nicht mehr so romantisch ist, sondern eher nervig und störend. Ob Du das so durchführen möchtest, bleibt Dir selbst überlassen.

Eine weitere Technik, die ebenfalls einen neurologischen Effekt hat:

Nimm ein Foto Deines Ex-Partners und schau es Dir an und zünde es an. Halte es solange fest, bis Du es nicht mehr in den Fingern halten kannst und schau zu, wie das Bild verbrennt. Dieses ‚Ritual' hat keine bösen Absichten oder Voodoo-Intentionen. Du wirst danach merken, dass Du Dich auf eine Art und Weise von Deinem Ex losgelöster fühlst.

-Die Eckpfeiler einer guten Beziehung-

Wie Du es in Zukunft besser machen kannst

Fangen wir einmal mit den Gründen an, die eine Beziehung zerstören. Darauf können wir aufbauen und dafür sorgen, dass Du in Zukunft den einen oder anderen Fehler vermeiden kannst.

Sexuelle Anziehung

Der Urtrieb, der Frau und Mann zusammenbringt ist die sexuelle Anziehung. Ob man zu einander passt ist dabei prädeterminiert. Das wiederum bedeutet, dass schon von vornherein feststeht, ob sich zwei Personen attraktiv oder unattraktiv finden. Was aber verstehen wir unter sexuellen Anziehung? Sexuelle Anziehung ist ein Konglomerat aus vielen verschiedenen Dingen. Ein paar Stichpunkte: *Körpersprache, Selbstvertrauen, Selbstbewusstsein, soziale Stellung, Status, Coolness, Selbstständigkeit, Zielstrebigkeit, Begeisterung, Unberechenbarkeit...*

Sie ist das wichtigste in einer Beziehung, das, was Du spürst, was Dich am anderen fesselt und begeistert. Meist geschieht genau das unterbewusst, während wir mit dem potentiellen Partner sprechen und ihn kennenlernen.

Vertrauen

Vertrauen ist wichtig. Misstrauen zerstört eine Partnerschaft. Ob nun durch Fremdgehen oder dem Gefühl, dem Partner einfach nicht mehr das Vertrauen schenken zu können, was man selbst braucht, um ein Gefühl der Kontinuität, Beständigkeit und Sicherheit zu spüren.

Paradoxer Weise kann es vorkommen, dass ein zu starkes Vertrauen wiederum die sexuelle Anziehung auslöscht. Wenn die Partner alles von sich wissen und sie somit berechenbar sind, quasi wie ein offenes Buch, so verliert die Beziehung an Reiz. Auch wenn wir uns noch so sehr die Sicherheit wünschen, so ist eine gewisse, geheimnisvolle und überraschende Art am anderen immer noch das Quäntchen, das eine Beziehung aufregend und lebendig hält.

Veränderungen

„Stetiges Werden ist Sein und man bleibt im Sein, damit man wird (...)"

Wie Du durch dieses Buch schon mitbekommen hast, sind Veränderungen die Dinge, aus denen wir unsere Persönlichkeit formen. Veränderungen geschehen immer aus zwei Gründen: entweder ich möchte etwas, was ich noch nicht habe oder ich habe etwas, was ich nicht mehr will.

Seien es nun neue Hobbies, ein neuer Freundeskreis/neues Umfeld, eine entdeckte neue Leidenschaft, ein neuer Job oder sonst irgendetwas.

Entweder der Partner akzeptiert diese Veränderungen an Dir, geht bestenfalls mit oder er fühlt sich allein gelassen.

Sprüche wie *„Du bist nicht mehr der, den ich kennengelernt habe"* sind die Sätze, die darauf hindeuten, dass sich etwas getan hat.

Hat sich der eine Partnerteil weiterentwickelt (z.B. beruflich) und der andere kommt damit nicht zurecht, weil er sich eventuell dadurch minderwertig fühlt, so kann das eine Initialzündung zur Trennung bedeuten.

Wir sollten nur niemals den Fehler begehen und uns dem Partner zuliebe extra „klein halten" oder eine Leidenschaft und Passion aufgeben, nur weil der andere Part sich damit abgewertet fühlt.

Verdient beispielsweise die Frau auf einmal mehr als der Mann, kann es einem kranken Ego schon einmal übel mitspielen.

Sich gehen lassen

Am Anfang war alles super! Vor den ersten Dates ging es zum Friseur, die Klamotten wurden extra aus der Reinigung geholt und man gab sich sehr viel Mühe. Setzte viel Wert auf sein Äußeres und subkommunizierte damit: *„Das bist Du mir wert, ich* *bemühe mich und kämpfe für Dich."* Der ein oder andere wird das oberflächlich finden, aber im Gegenteil. Im Endeffekt geht es um Wertschätzungen dem anderen gegenüber.

Typisches Paradebeispiel ist der Mann, der von der Arbeit nach Hause kommt, sich auf die Couch wirft, auf das Essen wartet und danach die 08/15 Nummer im Ehebett abzieht. Oder die Dame, die sich anfangs geschminkt und aufgetakelt hat und nun in der Jogginghose vor dem Fernseher sitzt.

Natürlich sind das jetzt plakative Beispiele, aber das Prinzip ist klar. Man signalisiert dem Partner *„Für dich brauche ich mich nicht zurecht machen, ich habe dich sicher und du liebst mich ja sowieso"*

Mag Letzteres auch zutreffen ist die Wertschätzung auf dem Nullpunkt. Das Sich-Mühe-Machen kann ganz leicht mit einem sporadischen Abendessen oder einem romantischen Kurzurlaub gelebt werden. Aufmerksamkeit und wenn es auch nur ab und an eine kleine versteckte Nachricht ist, die der Partner findet und sich begehrt, geliebt und geschätzt fühlt.

Eifersucht

Eifersucht ist ein schwieriges Thema. Einerseits kann gesunde Eifersucht sehr positiv auf den Partner wirken (Wertschätzung)

Andererseits bedeutet es im Klartext, dass sich der eine Partner nicht gut genug, nicht wertig genug fühlt, um mit dem anderen eine Beziehung führen ‚zu dürfen'.

Ein mangelndes Selbstwertgefühl führt dann schnell zur krankhaften Eifersucht, die für den Partner extrem freiheitsberaubend und Nerv tötend sein kann.

Nicht gerechtfertigte Anschuldigungen, Verdächtigungen und ein fehlendes Vertrauen bringen eine Beziehung über kurz oder lang zum schrecklichen Fall.

Bringt man all diese Eckpfeiler in ein ausgewogenes und für sich nachvollziehbares Gleichgewicht und hat dazu noch die Motivation an seiner Beziehung fortwährend zu arbeiten, so steht einer glücken gemeinsamen Zeit nahezu nichts mehr im Wege!

- Der Ex-Partner danach-

Über den Drang immer Exklusivrechte haben zu wollen

Der Gedanke, dass der Ex-Partner mit einem anderen Menschen Sex und jetzt Deinen Platz eingenommen hat, ist für nahezu jeden zermürbend. Sei es auch so, dass die Tieftrauerphase überwunden ist, sind es jene Gedanken, die auch vielleicht Dir das Herz zerbrechen lassen. Ob man will oder nicht! Diese Bilder (vor dem geistigen Auge) wollen einfach nicht verschwinden. Warum diese Gefühle oder Spinnereien?

Die Gefühle etwas Besonderes zu sein, der Einzige zu sein, am meisten Aufmerksamkeit zu bekommen und die heute noch existierenden Besitzansprüche sind dafür verantwortlich, dass man sich selbst schier wahnsinnig macht mit solchen Vorstellungen.

Dazu kommen teilweise Phantastereien, dass der Ex-Partner den Sex mit dem Neuen mehr genießt und andere Sachen mit ihm anstellt. Das zeugt von einem niedrigen Selbstwertgefühl. Es werden Mutmaßungen und Vergleiche angestellt, die fernab von der Realität sind, frei erfunden.
Es hat jemand anders den Platz von Dir eingenommen. Gleichzeitig wird demnächst sein Platz ersetzt. So ergeht es jedem und das ist vollkommen natürlich.

Andersherum: was wäre es für eine verschwendete Zeit gewesen, wenn Du diese Gefühle nicht hättest? So kannst Du Dir doch sicher sein, dass es echte Gefühle waren. Du darfst ebenfalls davon ausgehen, dass Dein Ex-Partner die gleichen Gedanken hegt wie Du.
Wenn die Beziehung nicht gerade in einem unheilvollen Streit beendet wurde, sind beide Personen emotional betroffen.

Diese Bilder und Filme sind nun einmal in unseren Köpfen und sie kommen automatisch, sporadisch und meist intensiv.

Vor allem, wenn der Ex-Partner unmittelbar nach der Trennung eine neue Beziehung eingeht oder auch einfach nur den Eindruck vermittelt, dass es ihm gut geht, kränkt es den Verlassenen.

- *wie konnte er/sie mich nur so schnell ersetzen?*
- *hat ihm/ihr die Zeit denn nichts bedeutet?*
- *warum fühlt er nicht wenigstens auch ein bisschen Trauer?*
- ...

Denkst Du noch genauso über ältere Ex-Partner? Nein! Weil sie Dich nicht mehr interessieren, sie sind Dir mehr oder weniger egal oder Du hast einen gewissen emotionalen Abstand von ihnen genommen, sodass Du es wertfrei sehen kannst.

Diese Erkenntnis und jene, dass auch Du demnächst ein neues Liebesleben haben wirst, ist Deine kognitive Strategie.

Um Dich emotional und körperlich von diesen Gedanken zu trennen, empfehle ich Dir die im EFT®-Kapitel beschriebene Klopf-Technik. Du kannst Dir auch auf youtube eine der ausführlichen Anleitungen anschauen und die Übung gleichzeitig nachmachen.

Ich war neulich mit einer Freundin in der Stadt shoppen. Wir waren in einer Frauen-Boutique und sie fand eine Jacke, die ihr gefiel. Sie schaute sie sich die ganze Zeit an und war total begeistert. Nun war sie entschlossen, sich die Jacke zu kaufen und suchte sich nur noch die richtige Größe raus, fand sie aber nicht. Genau in diesem Moment beobachtete sie eine andere Kundin, die genau diese Jacke in ihrer Größe mit zur Kasse nahm und sie bezahlte.
Jeder Mann kann sich vorstellen, was für eine Laune die Gute hatte. Ich fragte sie: „Bis vor 10 Minuten wusstest Du noch gar nicht, dass es diese Jacke gibt und jetzt vermisst Du sie schon und hast schlechte Laune?“
Sie dachte ein eine Weile darüber nach, fing an zu lachen und ihr wurde klar, dass es komplett keinen Sinn gemacht hat, sich deswegen aufzuregen.
Natürlich sind solche Situationen ärgerlich, doch wenn man sich mal überlegt, weswegen viele Menschen schlechte Laune oder sogar Hass haben, ist es doch manchmal wirklich schade um die verlorene Zeit [...]

Und genauso, wie es mit der Jacke meiner Freundin war, ist es auch bei Dir.

Bevor Du Deinen Ex kanntest, hast Du Dich auch gut gefühlt. Du hast Spaß gehabt Frauen/Männer kennenzulernen und etwas mit Freunden zu unternehmen. Du bist Deinen Interessen und Hobbies nachgegangen.
Das kannst Du alles wieder haben! Im Endeffekt gehst Du als Gewinner aus der Sache. Du hast nicht weniger als vorher, zusätzlich aber dafür schöne Erinnerungen und Erfahrung.

Die große Frage, die auch oft im Internet gestellt wird ist: *„Wie verhalte ich mich, wenn ich meinen Ex-Partner irgendwo unabsichtlich treffe.“*

Ein gemeinsamer Freundeskreis fordert in diesen Belangen natürlich seinen Tribut. Ob es nun aber eine Geburtstagsfeier, eine Hochzeit oder einfach nur eine zufällige Begegnungen in der Stadt ist. Verhalten solltest Du Dich völlig normal.

Du brauchst keinem eine Szenerie vorspielen, den großen Macker machen oder sonst irgendwelche Geschichten ausdenken.

Sei freundlich, notfalls reiße Dich zusammen, begrüße ihn und das war es. Bedenke immer: Du hast diese Person einmal geliebt und Du selbst solltest dieser Zeit auch in diesem Rahmen Respekt zollen, indem Du Dich Deinem Ex-Partner gegenüber anerkennend verhältst. Das zeichnet jede Lady und jeden Gentleman aus.

Im Extremfall kann es sein, dass Du mit dem der Neuen/dem Neuen von ihr konfrontiert wirst. Auch hier gilt: auch wenn es noch weh tut, freundlich sein und Rückgrat zeigen!

Zumal auch dazu gesagt werden muss, dass die Zeit die Wunden heilt. Es klingt zwar etwas altklug und plakativ, aber Du wirst merken, dass Du in Zukunft kein Problem damit haben wirst, ein normales, anständiges Gespräch mit einem Deiner Ex-Partner zu führen, namentlich dann, wenn auch Du wieder in einer neue Beziehung bist.

-Oneitis-

Wenn vermeintliche Liebe zur Abhängigkeit wird

„One-it-is“ oder einfach nur die „Eine-oder-keine-Krankheit“ ist eine spezielle Form der Abhängigkeit zu einer Person. In diesem Falle fällt es auch sehr schwer, diese ‚Krankheit‘ als wahre Liebe zu bezeichnen.

Sätze wie *„Ich kann nicht ohne sie (ihn) leben“* oder *„Es wird nie wieder einen geben, den ich so lieben werde, wie ihn (sie)“* sind, wenn sie ehrlich gemeint sind, ein Indiz auf zumindest eine abgeschwächte Form der Oneitis.

Genau wie in der Verliebtheitsphase sind die Sinne des Betroffenen vernebelt und es ist etwas anstrengender diese Abhängigkeit zu überwinden.

Woran erkennt man Oneitis?

- man denkt fast täglich an die Person
- man macht sich tausend Gedanken
- man wird schnell eifersüchtig, wenn man nicht genug Aufmerksamkeit bekommt
- man bekommt regelrecht Entzugserscheinungen, wenn man sich nicht sieht
- man richtet sein Leben nach der Person, lebt also für sie
- man vernachlässigt sich, und andere
  => man wird unglücklich
  => man macht sein Glück(-sgefühl) von ihr abhängig
- man schreibt ständig Emails, SMS, telefoniert täglich
- ist er/sie mal nicht erreichbar => Telefonterror
- Kontrollmanie, Handykontrolle, Kontrollanrufe, ..
- Vorwürfe - "Du liebst mich nicht.. nicht genug", etc.
- Unterstellungen
- man verliert das Vertrauensgefühl

Du musst nicht Psychologie studiert haben, um zu erkennen, dass sich dieser Zustand, bzw. diese Krankheit gegenüber der anderen Person sehr schädlich auf den eigenen Selbstwert und Deine Lebensqualität auswirkt.

Mein mittlerweile guter Freund John hatte vor Jahren genau dieses Problem, nachdem sich seine Freundin von ihm getrennt hatte. Ich riet ihm oft, den Kontakt vollkommen abzubrechen und einzusehen, dass es vorbei ist. Wir sprachen oft und lange über seine Gefühle zu ihr und zum Schluss sah er auch immer ein, dass es so weder weitergehen kann, noch, dass es irgendeinen Sinn hätte.

Wir trafen uns einen Freitag später und er berichtete mir von irgendwelchen SMSs und Anrufen mit ihr. Er ist in die typische Falle getappt. John hatte sich das, was ich ihm geraten habe zu Herzen genommen und ist mit anderen Kollegen feiern gegangen.
Als er jedoch früh morgens, sturztrunken nach Hause kam, wurde er wieder schwach und versendete Nachrichten. Für den Inhalt der Nachrichten hat er sich im Nachhinein ziemlich geschämt, jedoch haben eben diese Nachrichten wieder die Box der Pandora geöffnet. Seine Ex-Freundin –ich nenne sie jetzt einfach einmal Jennifer- war kein Kind von Traurigkeit und hatte schon früh mit der Beziehung abgeschlossen. Jennifer hatte also kein Problem ein Gespräch mit John zu führen und war auch dem einen oder anderen sexuellen Exkurs mit ihm nicht abgeneigt.

In ihrer Welt war es einfach nur Sex mit einer vertrauten Person. Für John hingegen waren genau diese Gespräche und der Sex ein Indiz dafür, dass sie noch partnerschaftliche Gefühle für ihn hatte und er nur ein bisschen warten müsse, bis sie einsehen würde, dass die beiden absolut perfekt zusammen passten.

Als Jennifer spürte, dass es John nicht nur allein um Sex und Plauderei ging zog sie für sich die Notbremse und brach den Kontakt ab und für John brach wieder einmal seine Welt zusammen.
Ich ließ ihn eine Zeitlang in Ruhe und wir trafen uns nach ungefähr 10 Tagen.
Es war sehr anstrengend mit ihm, da er ausschließlich ein Thema kannte: Jennifer.
Sie hatte ihn nämlich derweil auf Facebook geblockt, da er ihr wohl die ganze Zeit beleidigende Nachrichten zukommen ließ. Dann ist er auf die Idee gekommen, sich einen Fake-Account einzurichten und ihr mit diesem eine Freundschaftseinladung zu schicken.
Also das volle Programm. Eine vernünftige Unterhaltung mit ihm war nicht mehr möglich, da er ständig vor dem PC saß, auf ihrem Profil rumschnüffelte und sich über neue Bilder und Kommentare anderer Männer aufregte.
Er rief sie mitten in der Nacht an, fragte wo sie ist und mit wem. Nur mit welchem Recht? Wenn er weggedrückt wurde, fing er an zu heulen, ging sie ans Telefon und sie stritten sich, beschimpfte er sie.

Er war so sehr damit beschäftigt, sich schlechte Gefühle zu machen, dass er ganz vergessen hat, sein eigenes Leben zu leben.
Einen Monat später traf ich John gut gelaunt ganz kurz auf der Straße. Er hatte ein Date mit seiner neuen Freundin und er zwei Tage später trafen wir uns abends in einer Bar auf ein paar Bier.
Er erzählte mir, wie er seine neue Freundin –Stefanie- kennengelernt hat und als ich mich kurz nach Jenny erkundigte, war er ganz neutral und ruhig.

Was war passiert? John hatte sich in dieser Zeit so sehr von dieser Person abhängig gemacht und war der Meinung, nie wieder etwas ‚besseres' zu finden, sodass er sich selbst dermaßen aus den Augen verloren hatte. Er trug Scheuklappen. Ich muss hierzu noch sagen, dass es sich hier glücklicherweise nur um eine Phase handelte. Es mag Fälle geben, in denen diese Krankheit noch weitaus extremere und langfristige Züge annehmen kann.

Nachdem John jetzt zu dieser Zeit Abstand gewann, ist für ihn heute nicht mehr erklärbar, was mit ihm los war. Er lernte Stefanie kennen und erkannte, dass es noch andere weibliche Wesen gibt, die zu ihm passten. Mittlerweile ist er mit Steffi verheiratet und total glücklich.

Es liegt immer an Dir! Wie Du Dich fühlen willst und wie verantwortungsvoll Du mit Deinem Leben umgehen möchtest. Gefährlich wird es immer, wenn Dir o.g. Sätze entgleiten, dass Du nie wieder so einen Partner finden wirst.
Selbstverständlich wirst Du keine 2.0 Version bekommen, bei welcher der Mensch bis auf ein paar neue Features deckungsgleich ist. Er wird aber auf eine andere Art und Weise toll sein und zu Dir passen. Diese Chancen darfst Du Dir gedanklich nicht nehmen. Damit schränkst Du Dich ein- purer Masochismus.

-Und die anderen?-

Das Umfeld verändert sich

Es verändert sich viel in jenen Zeiten. Ebenso wird sich unter Umständen der Kontakt mit gemeinsamen Freunden, Bekannten und Verwandten verändern. Dieses Kapitel ist das banalste und somit auch das kürzeste. **Rede niemals schlecht über Deinen Ex-Partner und versuche niemanden auf Deine Seite zu ziehen!** Diesen Satz kann man nicht fett genug schreiben. Und einmal abgesehen davon, dass so etwas per se recht armselig ist, solltest Du das ernsthaft verinnerlichen.

Freunde sind Freunde und werden dies auch bleiben, wenn es im Kreise zu einer Trennung kommt. Andernfalls könnte man auf diese ‚Freundschaft' getrost verzichten.
Seht Euren Freunden und Bekannten, die gleichermaßen mit dem einen und auch dem anderen befreundet bleiben wollen nach, dass sie in einer Art ‚Zwickmühle' stecken und keinem von euch vor den Kopf stoßen wollen.
Akzeptiere es, dass ein Treffen mal ausfallen mag, weil die- oder diejenige sich an diesem Tag mit Deinem Ex-Partner trifft!

Vom Familienkreis des Ex-Partners *sollte*st Du Dich distanzieren. Du bist ab jetzt nicht mehr Teil der Familie und auch das muss getrennt werden.
Selbstverständlich gibt es Ausnahmen und es kommt auf die Beziehung zwischen den einzelnen Menschen an. Wenn wirklich eine gute Freundschaft aus Schwager/Schwägerin entwachsen ist, wäre es idiotisch sie über Bord zu werfen.

Es gibt immer wieder Fälle, in denen gemeinsame Kinder mit im Spiel sind. Hier ist es besonders wichtig, das Kind aus dem Geschehen rauszuhalten. Es gibt nichts Schlimmeres für ein Kind, wenn sich Mama und Papa streiten und versuchen ihren

Frust über das Kind durch Machtspielchen und Entzug des Besuchsrechtes zu erpressen.

Auch hier sind böse Kommentare gegenüber den Ex-Partner absolut fehl am Platz! Die Trennung ist ein Ereignis zwischen zwei Menschen. Ob Sinn oder Unsinn, in der Gegenwart des Kindes sollte der Ex-Partner immer möglichst wertneutral behandelt werden, egal, ob man im Guten oder Schlechten auseinander gegangen ist.

Zu diesem Thema empfehle ich noch weitere, intensivere Lektüre, falls notwendig. Eine Trennung bzw. Scheidung ist ein großes Thema im Leben eines Kindes und in den meisten Fällen sehr unbequem. Entscheide Dich hier für das Wohl Deines Kindes und versuche von Dir aus alles, um es Deinem Kind so angenehm wie möglich zu machen.

Ermöglicht es dem Kind jederzeit Mutter und Vater sehen zu können!

-Wie Du Dein Leben weit(v)erführst-

...und Dich dabei neu erfindest

Jetzt kommen wir zu dem Punkt, wo es Dir schon etwas lächerlich vorkommt, dass Du davon überzeugt warst, nicht ohne den anderen leben zu können... Witzig, oder? Selbstverständlich kannst Du das! Und wie!

Neue Impulse hast Du bereits von außerhalb bekommen. Du darfst Dir jetzt selbst erlauben, das Leben grenzenlos zu genießen. Hast Du Lust auf ein Abenteuer?
Die meisten Leute stellen in einer Beziehung ihre persönlichen Wünsche etwas zurück, weil es z.B. in einer Partnerschaft unangemessen erscheint oder weil man es dem anderen selbst nicht zumuten möchte.

Mach Dir klar, dass Du jetzt alles tun kannst, was Du willst. Nutze die neu gewonnene Freiheit und diesen Moment als Meilenstein Deiner persönlichen Weiterentwicklung.
Allein durch dieses Buch hast Du viel über Dich selbst erfahren. Je mehr Du über Dich weißt, desto (selbst)bewusster wirst Du werden und in zukünftigen Beziehungen wissen, was Du willst, auf was Du besonders viel wert legst.

Eines Tages wurde Michelangelo von einer reichen Familie beauftragt, eine Statue von außergewöhnlicher Schönheit zu erstellen.
Er suchte daraufhin nach einem geeigneten Marmorblock. Nach einer ganzen Weile fand er in einer Seitenstraße einen fast vollkommen von Unkraut überwucherten Block, der dort vergessen worden war.
Diesen Marmorblock ließ Michelangelo von seinen Arbeitern in sein Atelier bringen. Dann begann er damit, die Statue des David aus dem Stein zu hauen. Dafür brauchte

er zwei ganze Jahre. Und zwei weitere Jahre dauerte es, bis er die Statue durch Schleifen und Polieren fertig stellte.

Als die Statue feierlich enthüllt wurde, waren viele Menschen gekommen, um die unvergleichliche Schönheit des David zu bewundern. Man fragte Michelangelo, wie es ihm denn möglich gewesen war, eine so wunderschöne Statue zu erschaffen. Der Bildhauer sprach: "Der David war immer schon da gewesen. Ich musste lediglich den überflüssigen Marmor um ihn herum entfernen."

Was sind Deine höchsten Werte?

Werte geben den Menschen **Orientierung**, indem sie darauf hinweisen "was sein sollte" (im Gegensatz zu Fakten – sie zeigen an "was ist"). Insofern liegen Werte auch in der absoluten Zukunft, da sie im Vergleich mit Zielen nie voll realisiert werden. Insofern haben sie eine Funktion als Ideal und Leitstern.

Werte sind wichtig für die Motivation, denn wenn wir etwas wollen, so deshalb, weil es uns etwas "wert ist." Insofern sind Werte das, wofür wir Zeit, Geld, Anstrengung und damit persönliche Energie und Kraft investieren.

Folgende Übung wird Dir auch helfen, Deine Prioritäten zu finden. Lass Dir beim Elizieren Deiner Werte ruhig Zeit und gehe in Dich. Deine Wertehierachie kann sich auch verändern, so ist es interessant, nach einem halben bis ganzen Jahr die Übung noch einmal zu wiederholen.

Du kannst Dir folgende Seiten so oft wie Du möchtest kopieren und vielleicht auch mal mit Deinen Freunden und Verwandten deren Werte elizieren.
Es ist erstaunlich, wie sehr es sich bezahlt macht, über sich selbst bewusst zu sein.

Im zweiten der Teil der Übung wirst Du das gleiche Procedere mit Aversionen machen. Hier wird es noch einen Ticken interessanter, denn es wird Dir hier oder dort ein Licht aufgehen, warum Du z.B. nicht mit der einen oder anderen Person zurecht kamst.
Unter Umständen kann es sogar vorkommen, dass Du bei Deinen Top-Aversionen auf Deine eigenen Eigenschaften stößt, die Dich selbst an Dir stören.
Wenn wir auf Menschen treffen, die genau diese Eigenschaften haben, spüren wir direkt eine Antiphatie denen gegenüber.

Heisst im Klartext: Du triffst auf jemanden, der sehr arrogant und überheblich auf Dich wirkt, regst Du Dich in Wahrheit nicht über diese Person auf, sondern über Dich- Deinen Schatten.

Andersherum ist es natürlich auch möglich. Hast Du eine Aversion gegen Menschen, die im Überfluss leben? Kann es sein, dass Du Dir wünscht, genauso viel Geld zu haben?

Sei hier bitte ehrlich zu Dir selbst und Du wirst Dich selbst besser kennenlernen. Achte in der Zukunft auf Deine Gedanken gegenüber anderen Personen und Du wirst Deine Schatten finden und so an ihnen arbeiten können.

--	Spielt keine Rolle
-	Weniger wichtig
0	Gelegentlich wichtig
+	Wichtig
++	Sehr wichtig

	++	+	0	-	--
Liebe					
Dankbarkeit					
Ehrlichkeit					
Treue					
Ehre					
Macht					
Gerechtigkeit					
Toleranz					
Verantwortung					
Hilfsbereitschaft					
Vertrauen					
Freundschaft					
Frieden					
Ruhm					
Freiheit					
Gesundheit					
Familie					
Glaube					
Harmonie					
Klugheit					
Tapferkeit					
Respekt					
Persönlichkeit					
Flexibilität					
Sexualität					
Offenheit					
Anerkennung					
Abenteuer					
Erfolg (berufl.)					
Fitness					
etwas in Bewegung setzen					
Zugehörigkeit					
Zielstrebigkeit					
Stärke					
Selbstlosigkeit					
Ruhm					
Ruhe					
Pragmatismus					
Phantasie					
Ordnung					
Menschlichkeit					
Nähe					
Loyalität					

	++	+	0	-	--
Selbstverwirklichung					
Geselligkeit					
Individualismus					
Integrität					
Kreativität					
Leidenschaft					
Lässigkeit					
Lebensfreude					
Umweltschutz					

Wähle nun aus dem großen „Topf“ Deiner tatsächlich gelebten Werte mindestens sechs bis acht und maximal 14 Werte aus, die Du am **intensivsten** lebst. Warum gerade diese Zahl? Ganz einfach, das nachfolgende Raster ist auf maximal 14 Werte ausgelegt. Erfahrungsgemäß genügt es jedoch, seine sechs bis acht, eventuell bis 10 Werte zu kennen. Nachdem Du Dir anhand dieses Rasters die prinzipielle Vorgehensweise bewusst gemacht hast kannst du selbiges beliebig erweitern.

Die am **intensivsten gelebten Werte** sind diejenigen, für die Du

- am meisten Zeit
- am meisten Geld und
- am meisten Energie / Nerven

investierst.

Wichtig: bevor du jeweils deine 14 am intensivsten gelebten Positiv- und Negativ-Werte sortierst, definiere sie in Deinen Worten. Erfahrungsgemäß ist das mit einer der schwersten Teile des Werte-Bewusstwerdungs-Prozesses. Sollten im weiteren Verlauf Unklarheiten auftreten, so schaue zuerst in die persönlichen Definitionen deiner Werte.

Oft zeigt sich, dass bereits dort Unklarheiten oder Mehrdeutigkeiten formuliert sind, die den folgenden Prozess erschweren. Definiere so lange aufs Neue, bis Deine Werte wirklich „griffig“ und klar sind.

Wert	Definition

Nr	Wert
1	
2	
3	
4	
5	
6	
7	
8	
9	
10	
11	
12	
13	
14	

Beispiel:

Nr	Wert
1	**Liebe**
2	**Anerkennung**
3	**Flexibilität**
4	**Teamarbeit**
5	
6	
7	
8	
9	
10	
11	
12	
13	
14	

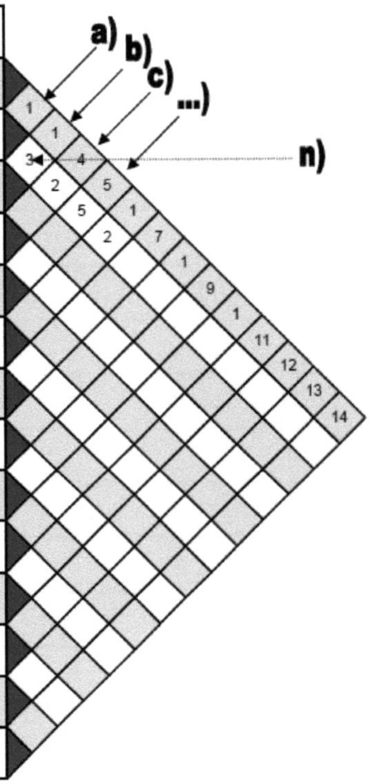

Alle Werte werden paarweise miteinander verglichen. Die Zahl des „Gewinners“ des paarweisen Vergleiches wird in das zugehörige Feld der Matrix geschrieben.

a) Zunächst wird also Liebe (1) mit Anerkennung (2) verglichen.
In diesem Beispiel ist 1 wichtiger als 2, deshalb kommt **1** als Resultat in das entsprechende Feld.

b) Nun wird Liebe (1) mit Flexibilität (3) verglichen, erneut ist 1
wichtiger und kommt in das entsprechende Feld.

c) Nun wird Liebe (1) mit Teamfähigkeit (4) verglichen, dieses mal ist 4 wichtiger und kommt in das entsprechende Feld usw.

d) ...

n) Anerkennung (2) wird mit Flexibilität (3) verglichen, 3 ist hier der wichtigere Wert

Für den Überblick

Wert Nr.	1	2	3	4	5	6	7	8	9	10	11	12	13	14
Punktzahl														
Rang														

Hier ist also deine Positiv-Hierarchie:

Rang	**(Das Wichtigste steht oben)**
1	
2	
3	
4	
5	
6	
7	
8	
9	
10	
11	
12	
13	
14	

--	Spielt keine Rolle
-	Weniger wichtig
0	Gelegentlich wichtig
+	Wichtig
++	Sehr wichtig

Welche Werte möchtest Du unter allen Umständen vermeiden? Deine Aversions-Werte!

	++	+	0	-	--
Eifersucht					
Einsamkeit					
Erniedrigung					
Frustration					
Verachtung					
Passivität					
Unruhe					
Unsicherheit					
Überheblichkeit					
Untreue					
Lügen					
Stagnation					
Rücksichtslosigkeit					
Dummheit					
Missachtung					
Zurückweisung					
Hass					
Krankheit					
Disharmonie					
Feindschaft					
Mutlosigkeit					
Verschlossenheit					
Egoismus					
Brutalität					
Feigheit					
Schwäche					
Naivität					
Stagnation					
Unordnung					
Quälerei					
Unverlässlichkeit					
Schuldgefühle					
Abhängigkeit von finanziell					
Zurückweisung					
Ahnungslosigkeit					
Uneins mit sich					
Humorlosigkeit					
Versagen					
Geschmacklosigkeit					
Besorgnis					
Unpünktlichkeit					

Wert	Definition

Nr	Wert
1	
2	
3	
4	
5	
6	
7	
8	
9	
10	
11	
12	
13	
14	

Für den Überblick

Wert Nr.	1	2	3	4	5	6	7	8	9	10	11	12	13	14
Punktzahl														
Rang														

Hier ist also deine Negativ-Hierarchie:

Rang	**(Das Wichtigste steht oben)**
1	
2	
3	
4	
5	
6	
7	
8	
9	
10	
11	
12	
13	
14	

Du weißt nun mehr über Dich und Deine Werte, als die allermeisten Menschen auf dem Planeten Erde. Das Werte-Konzept stellt so etwas wie die psychische Wirbelsäule Deiner Persönlichkeit dar.

Jetzt fragst Du Dich bestimmt, warum ich Dir diese Aufgabe gestellt habe, hat sie doch so gar nichts mit Liebeskummer oder Trauerbewältigung zu tun.

Noch einmal: es ist wichtig, dass Du Deine Persönlichkeit kennst. Die Werte-Hierarchie kann sich im Laufe des Lebens zigmal ändern, sogar gewaltig. Und gerade nachdem Du jetzt sehr viel Zeit damit verbracht hast, Dich mit einer anderen Person auseinanderzusetzen, ist gerade jetzt wichtig für Dich zu wissen, wo Du stehst.

Indem Du Dir jetzt auch vor Augen geführt hast, wo Deine Prioritäten liegen, wird es Dir auch sehr viel einfach fallen in Deiner zukünftigen Partnerwahl. Du findest schneller Zugang zu den Werten des anderen und kannst so einfach erkennen.

Auch wirst Du schnell feststellen, dass sich Gespräche mit dem anderen Geschlecht in Zukunft viel tiefgründiger führen lassen, indem Du weißt, was Du willst.

Es wirkt auf den Gesprächspartner ebenso sehr attraktiv, wenn Du weißt, was Du willst, wofür Du stehst und welche Ziele Du im Leben hast.

Ein unglaublicher Vorteil, wenn aus banalem Smalltalk ein Gespräch wird und vielleicht auch ein Flirt.

-Ex zurückgewinnen?-

Die wohl meist gestellte Frage

Google bietet zu dieser Frage 64.000 Einträge, formuliert man die Frage um in ‚Ex zurück' sind es 121,000,000 Einträge.
Du siehst schon einmal: Du bist nicht der einzige, dem diese Frage in den Sinn kommt!
Etliche E-Books, Bücher, Seminare und Domains, die sich mit diesem Thema beschäftigen. Eine wahre Geldgrube, denn wer würde nicht gerne ein paar Tricks anwenden können, um den (Ex-)Partner dazu zu bringen, ihn wieder zurück haben zu wollen?

Es gibt viele Beispiele, in denen es Sinn macht, dort noch einmal Energie zu investieren und um die Liebe zu kämpfen. Vor allem immer dann, wenn der Fehler offensichtlich an Dir lag und Du Dein Leben ändern möchtest oder schon geändert hast.

Hast Du...

- … Deine Frau/Freundin geschlagen?
- … ein Alkohol-, Spiel- oder Drogenproblem?
- … Dich eine Zeitlang gehen lassen?
- … den Partner betrogen?

Wichtig hierbei ist, wie in allen anderen Lebenssituation: **Schwätzer schätzen, Macher machen!**

Lerne von und über Dich, verändere Dich zur besten Person, die Du sein kannst! Erst, wenn Du Deine Veränderung hinter Dir hast, überzeuge davon den Ex-Partner. Leere

Worte und Versprechungen kann kein Mensch gebrauchen und wirken mehr als unattraktiv.

Respekt hat jeder Mensch vor anderen, die an sich arbeiten und eine gewisse Veränderung an sich vornehmen. Und auch wenn man nicht erfolgreich war, den Ex-Partner zurückzugewinnen, hast Du an dieser Stelle trotzdem viel gewonnen. Du kannst in dieser Situation nur als Gewinner hervorgehen!

Ansonsten hat der Ex-Back-Way keinen nahrhaften Sinn. Es ist mehr oder weniger eine Strategie, anstatt ein neuer Weg.
Es läuft im Grunde genommen folgt ab: Der Verlassene hat beim Ex-Partner an ‚Wert' verloren, darum hat dieser die Beziehung logischerweise beendet.

Mit ‚Wert' meine ich jene Gründe, die demjenigen damals dazu bewegt haben, Dich attraktiv und interessant zu finden.
Das könnten sein: Zielstrebigkeit, Abenteuerlust, Romantik, sexuelle Aktivität und Attraktivität, Abwechslung, Spannung, Visionen usw...

Tenor dieser Ex-Back-Geschichten ist nahezu der gleiche wie hier. Frage Dich wer Du bist, erfinde Dich neu, bau Dich wieder auf und gestalte Dein Leben interessant und lebe das Leben Deiner Träume. So baust Du selbst wieder Attraction auf, die Dein Ex-Partner in Dir vermisst hat.

Du strahlst von Dir aus, was Du bist und was Du möchtest. Bist Du im Auftreten integer und wirkst positiv, wirst Du auch nur Positives anziehen.[2]

Gehst Du diesen Weg aber dann für Dich oder für den anderen? Hattest Du bisher keine Motivation selbst an Dir zu arbeiten? Veränderungen sind entweder motiviert aus großen Zielen oder aus großen Schmerzen. Von allein tut sich selten etwas, denn der Mensch ist an und für sich bequem, faul und gibt gerne die Verantwortung ab, wie das beliebteste Wort der Welt ‚man' bezeugt.

„Man *sollte* öfters Sport treiben..."
„Man *soll* sich nicht *immer so* aufregen…"
„Man macht *das* nicht…"
„Man sollte nicht *so viel* Alkohol trinken"
„Wenn man in einer Beziehung ist, tritt *halt irgendwann* der *Alltagstrott* ein…"
„Man sollte sich da wirklich *mal* beschweren…"

Mit diesem „man" dissoziiert sich der Großteil der Menschen. Vielleicht fällt auch bei Dir in so manchen Situationen auf, dass Du anstatt „ich" oder „wir" lieber das anonyme „man" gebrauchst?

Sprache hat sehr viel Kraft. Ob diese Kraft jetzt konstruktiv oder destruktiv eingesetzt wird, hängt vom Gebrauch jener ab.
Du beeinflusst nicht nur Dich (Dein Unterbewusstsein), sondern auch andere Menschen in Deinem Umfeld.
Macht es wirklich Sinn, wieder mit Deinem Ex zusammen sein zu wollen?

---

[3] Literaturempfehlung: *The Secret* von *Rhonda Byrne* (ISBN-13: 978-3442336500)

-Zeit für neue Ziele-

Ein neuer Start

Es ist immer wieder bemerkenswert, wozu ein neuer Lebensabschnitt fähig ist und welche neuen Erfahrungen auf Dich warten.
Du hast mit Deinem Ex-Partner viel Zeit verbracht und diese Zeit muss ausgefüllt werden mit Sachen, die Dir Spaß machen und Dich weiterbringen.

Gibt es nicht etwas, was Du schon lange einmal in den Angriff nehmen wolltest, dafür aber keine Zeit gefunden hast? Zum Beispiel mit dem Rauchen aufhören ist ein wunderbares Ziel!
Viele Menschen fangen auch an Sport zu machen. Das hat zum einen den Vorteil, dass die Zeit sinnvoll genutzt wird, zum anderen ist es gesund und gut für Deine Figur, Dein Selbstwertgefühl und somit auch für Deine nächsten romantischen Eroberungen. Achte vielleicht auch mehr auf Deine Ernährung, fange an frisch zu kochen. Trinke weniger Alkohol und mehr Wasser…

Den weiblichen Geschöpfen wird ja oft nachgesagt, sie würden den Neuanfang mit einem Besuch beim Friseur beginnen. Auch wenn es sehr klischeemäßig klingt, ist es doch eine sehr gute Art und Weise einen klaren Strich zwischen den einzelnen Lebensabschnitten zu ziehen. Ein neues Outfit, ein neuer Stil, ein paar neue Klamotten bringen ungeahnte Frische in Dein Leben.

Bring Deine Wohnung auf Vordermann! Stelle, wenn Du Lust hast, ein paar Möbel um oder gestalte die Wände mit anderen Tapeten oder Farben. Entrümpele mal ordentlich all Deine Sachen.
In dem Buch *‚Feng Shui gegen das Gerümpel des Alltags. Richtig ausmisten. Gerümpel frei bleiben'*[3] beschreibt Karen Kingston sehr schön, wie positiv sich das

Ausmisten auf die menschliche Psyche auswirkt und wie sehr eine gepflegte und aufgeräumte Wohnung für einen freien Kopf bei Dir sorgt.

Ein toller Weg Neues zu entdecken ist auch das Unbekannte zu probieren; Dinge, die Du bisher nie getan hast. Warst Du schon einmal bei einer Thai-Massage? Gönn sie Dir!
Probiere exotische Gerichte aus und tu einfach mal das, was Du sonst nie machen würdest (ausgenommen natürlich gefährliche Sachen). Du wirst merken, wie sehr sich die Welt vor Dir öffnet und Dir ungeahnte Möglichkeiten aufzeigt.
Es ist nie zu spät sich zu ändern, neue Erfahrungen in sein Leben zu lassen und damit sogar eine neue Berufung zu finden.
Bist Du beruflich glücklich? Ist das Maximum ausgereizt oder gibt doch etwas zu verbessern? Tu es! Niemand anders ist dafür verantwortlich! Hast Du keinen Spaß an Deiner Arbeit? Dann wird es Zeit dafür zu sorgen, dass Du entweder Spaß hast oder Dich nach einem anderen Job umschaust, der Dir Spaß machen wird!

Ganz wichtig ist, dass Du erkennst, dass Du für Dich und Dein Leben verantwortlich bist und keinem anderen diese Verantwortung in die Schuhe schieben kannst! Wenn Du etwas verändert haben möchtest, dann tu es! Kein anderer als Du stellt die Weichen für Deinen zukünftigen Lebensweg.

Es ist alles möglich! Stell Dir mal vor, Du säßest allein zu Hause und kommst plötzlich auf die Idee in eine Stadt in einem ganz anderen Bundesland zu fahren. Dort gehst Du in irgendeine Bar, Disco oder Kneipe und lernst fremde Menschen kennen. Durch diese Menschen lernst Du wiederum neue Leute kennen. Am nächsten Morgen fährst Du wieder nach Hause und vergleichst das Erlebte mit dem, was Du gemacht hättest, wärst Du in Deiner Comfort-Zone geblieben. Ist das nicht unglaublich?

Das einzige, was die meisten daran hindert ist, sein gewohntes, sicheres Umfeld zu verlassen und eine negative Grundeinstellung mit dem Tenor „Das lohnt sich nicht. Das ist mir zu blöd allein. Was habe ich davon…“
Bekommst Du diese Schranken, die Dich an solchen Aktivitäten hindern aus dem Kopf bist Du frei. Es gibt so viele Veranstaltungen, an denen Du teilnehmen kannst. Du musst Dich nur trauen!

Du wirst kommunikativer, Deine soziale Kompetenz nimmt zu, Du sammelst neue Erfahrungen, triffst neue Freunde und Bekannte, erweiterst Deinen Horizont und verbringst den Abend nicht vor dem Rechner oder dem Fernseher.

Es geht nicht darum, genau das zu tun. Vielmehr möchte ich Dir aufzeigen, was alles in Dir steckt, wenn Du es nur willst.
Plan mit Deinem besten Freund oder Deiner besten Freundin eine Reise, wenn es auch nur ein Wochenend-Trip ist. Wichtig ist doch einfach nur, dass Du das Maximum aus Dir herausholst.
Wenn Du immer das tust, was Du getan hast, wirst Du auch immer bekommen, was Du bekommen hast. Diesen Teufelskreis kannst Du ganz einfach durchbrechen.

[2] Literaturempfehlung: *Feng Shui gegen das Gerümpel des Alltags: Richtig ausmisten. Gerümpel frei bleiben* von *Karen Kingston*
(ISBN-13: 978-3499625848)

-EFT®-

Wie Du Deine negativen Gefühle wegklopfst

EFT® (Emotional Freedom Techniques) ist eine effektive Technik, die zu Anfang sehr ungewöhnlich und esoterisch erscheint, doch beim näheren Hinblicken und Ausprobieren einfach funktioniert.

Genau wie in der Akupunktur geht es beim EFT®um das Behandeln der Meridiane (Energiebahnen im Körper). Beim EFT® werden diese Meridian-Punkte jedoch nicht mit Nadeln gestochen, sondern mit den Fingern gedrückt/abgeklopft; also quasi handelt es sich um Akupressur.

Das Axiom der EFT® ist: **Grund aller negativen Emotionen ist eine Störung im Energiesystem des Körpers**

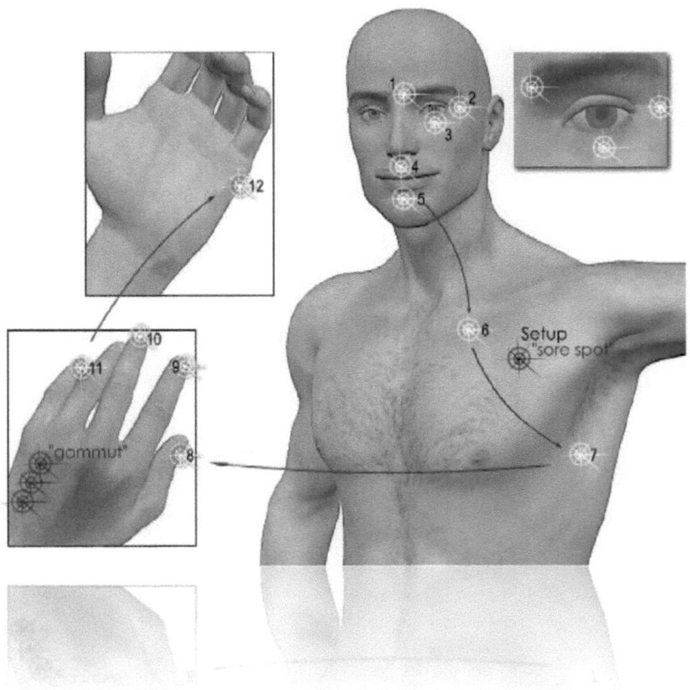

-Anleitung-

Beim 1. Klopfdurchgang gehst Du in das Gefühl hinein, was Du hast, wenn Du an Deinen Ex-Partner denkst.
Auch wenn es schmerzhaft ist, ist es wichtig, dass Du komplett assoziiert bist. Du gibst entsprechend Deine Gefühle zu und akzeptierst sie.

Während Du die den ersten Durchgang klopfst, beschreibst Du in Worten wie Du Dich fühlst.

Beispiele:

- **Auch wenn ich** diese tiefe Sehnsucht nach dir habe, **akzeptiere ich mich genauso wie ich bin.** Meine tiefe Sehnsucht...

- **Auch wenn ich** nur noch in diesen schönen Erinnerungen verweile und mich nicht davon lösen kann, obwohl ich weiß, dass alles vorbei ist, **akzeptiere ich mich genauso wie ich bin.** All die schönen Erinnerungen...

- **Auch wenn** dieses Verlangen nach dir schmerzt und brennt, **akzeptiere ich mich genauso wie ich bin.**

Du siehst, die Struktur ist immer die gleiche. Du ersetzt nur Deine Emotionen und fühlst Dich wirklich in die Situation hinein. Jeder von den Punkten wird ca. 15 Sekunden geklopft, danach wechselst Du zum nächsten.

Nach dem ersten Klopfdurchgang erfolgt die Synchronisation der beiden Gehirnhälften.

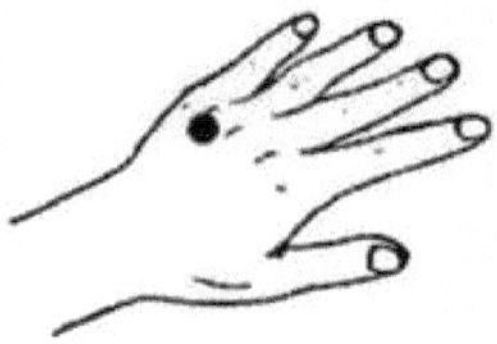

Während ständig der **9-Gamut-Punkt** (auf dem Handrücken in der Mulde zwischen dem kleinen Finger und dem Ringfinger) beklopft wird, fühlst Du **neun** kurze **Aktionen** aus:

1. Augen schließen
2. Augen öffnen
3. scharf nach unten rechts schauen (Kopf dabei gerade halten)
4. scharf nach unten links schauen (Kopf dabei gerade halten)
5. mit den Augen einen Kreis beschreiben
6. mit den Augen einen Kreis in die andere Richtung beschreiben
7. ein paar Takte eines Lieds summen
8. schnell von 1 bis 5 zählen
9. nochmals ein paar Takte eines Lieds summen

Du schaust Du, ob von einer Skala von 1 bis 10 Dein negatives Gefühl an Stärke verloren hat.
Du kannst so viele Durchgänge machen, wie Du möchtest und dabei auch an Deinen Sätzen variieren.
Nach den ersten Durchgängen wirst Du deutlich merken, wie effektiv diese Übung ist. Auch, wenn sie von außen betrachtet ziemlich affig ausschaut.

-Zum Ende-

Du bist nun am Ende der Heldenreise angekommen. Fragst Du Dich jetzt, was ich mit Heldenreise meine?
Nun, es gibt ein bestimmtes Muster, was sich Drehbuchautoren schon jahrelang zu Nutze machen.
Joseph Campbell hat aus Mythen, Geschichten und Filmen eine immer wiederkehrende archetypische Grundstruktur erkannt und sie in Situationsabfolgen unterteilt. Genau wie bei „Pretty Woman", „Das Schweigen der Lämmer" oder anderen Hollywood-Filmen hast Du schon oft -und gerade jetzt- diese besagte Heldenreise oder Heldenfahrt durchlebt.

Die Stationen einer Heldenreise stellen sich nach Campbell wie folgt dar:

1. Ruf: Erfahrung eines Mangels oder plötzliches Erscheinen einer Aufgabe
2. Weigerung: Der Held zögert, dem Ruf zu folgen, beispielsweise, weil es gilt, Sicherheiten aufzugeben.
3. Aufbruch: Er überwindet sein Zögern und macht sich auf die Reise.
4. Auftreten von Problemen, die als Prüfungen interpretiert werden können
5. Übernatürliche Hilfe: Der Held trifft unerwartet auf einen oder mehrere Mentoren.
6. Die erste Schwelle: Schwere Prüfungen, Kampf mit dem Drachen etc., der sich als
7. Kampf gegen die eigenen inneren Widerstände und Illusionen erweisen kann.
8. Fortschreitende Probleme und Prüfungen, übernatürliche Hilfe.
9. Initiation und Transformation des Helden: Empfang oder Raub eines Elixiers oder Schatzes, der die Welt des Alltags, aus der der Held aufgebrochen ist, retten könnte. Dieser Schatz kann in einer inneren Erfahrung bestehen, die durch einen

äußerlichen Gegenstand symbolisiert wird.

10. Verweigerung der Rückkehr: Der Held zögert in die Welt des Alltags zurückzukehren.

11. Verlassen der Unterwelt: Der Held wird durch innere Beweggründe oder äußeren Zwang zur Rückkehr bewegt, die sich in einem magischen Flug oder durch Flucht vor negativen Kräften vollzieht.

12. Rückkehr: Der Held überschreitet die Schwelle zur Alltagswelt, aus der er ursprünglich aufgebrochen war. Er trifft auf Unglauben oder Unverständnis, und muss das auf der Heldenreise Gefundene oder Errungene in das Alltagsleben integrieren. (Im Märchen: Das Gold, das plötzlich zur Asche wird)

Herr der zwei Welten: Der Heros vereint Alltagsleben mit seinem neugefundenen Wissen, und lässt somit die Gesellschaft an seiner Entdeckung teilhaben.

Erkennst Du das Muster? Egal, ob Du in eine andere Wohnung ziehst, Deinen Job wechselst oder eine andere große Veränderung durchmachst... so spielt sich grob alles nach diesen Situationsabfolgen ab:

1. Ruf: Du wurdest verlassen oder hast eine Beziehung beendet.

2. Weigerung: Du möchtest das Beziehungsaus nicht wahrhaben

3. Aufbruch: Du siehst ein, dass es kein Zurück mehr gibt und machst Dich auf den emotionalen Weg der Trennung.

4. Auftreten von Problemen: Du fühlst Dich nicht bereit dazu oder versuchst, die Beziehung noch auf die ein oder andere Art und Weise zu retten.

5. Übernatürliche Hilfe: Sei es nun dieses Buch, ein innigliches Gespräch mit einem Freund oder einer Freundin oder sonst ein „Mentor“ gibt Dir Tipps oder Impulse, Deine Situation anders zu bewerten.

6. Die erste Schwelle: Du nimmst die Trennung hin und begibst Dich auf Job- und/oder Wohnungssuche und teilst Deinem Umfeld mit, dass Du und Dein Partner Euch getrennt haben.

7. Kampf: Du musst Dein Leben neu ordnen, Deine Prioritäten neu setzen und nimmst Kampf gegen den Liebeskummer an.

8. Fortschreitende Probleme: Erinnerungen plagen Dich, die Trauer zieht ein. Doch Deine „Mentoren" geben Dir die Zuversicht, dass all das, was zur Zeit schrecklich erscheint, in Zukunft wieder gut und besser wird.

9. Initiation und Transformation: Das Bewerten der Beziehung ändert sich, Du befasst Dich mit neuen Themen, arbeitest an Dir selbst, entwickelst Dich. Du findest eine neue Denkstruktur und änderst Dein Leben. Vielleicht suchst Du Dir ein neues Umfeld, eine neue Aufgabe oder tauchst in ganz andere Sphären ein.

10. Verweigerung der Rückkehr: Je nachdem wie Du jetzt Deine Freizeit gestaltest würde ein wieder normales Alltagsleben Dich an die Beziehung oder alte, liebgewonnene Gewohnheiten erinnern. Du möchtest die Veränderung konsequent durchziehen.

11. Verlassen der Unterwelt: Du bemerkst, dass Du Dich verändert hast. Du bist stark geworden und hast dazu gelernt und Dich weiterentwickelt. Vielleicht hast Du auch über Dich und Deine Ziele und Träume etwas gelernt und bist nun bereit, wieder ins „normale Leben" zurückzukehren. Dich nicht mehr mit Dingen beschäftigen, die Dir helfen oder Dich ablenken.

12. Rückkehr: Du bist wieder voll und ganz da. Du bist nicht mehr der „Alte", denn Du hast viel über Dich erfahren und bist an all dem gewachsen. Hast Hürden gestemmt und nimmst all das, was Du aus der alten Beziehung, der Trennung und den neuen Eindrücken mitnehmen konntest in Dein zukünftiges Tun und Handeln mit.

Im Endeffekt gehst Du als Gewinner aus der Nummer hervor und darfst Dich darauf freuen, Dein neues Leben zu leben, neue Menschen in Dein Leben zu lassen und weiterhin an Dir zu arbeiten, um aus Dir das Allerbeste rauszuholen.
Für Deine Zukunft wünsche ich Dir alles Liebe und Gute, Spaß, Freude und Erfolg!

Dein

Printed by Books on Demand GmbH, Norderstedt / Germany